In dankbarer Erinnerung

an meine Frau Doris

26.09.1959 – 18.12.2018

Andreas Stuhrmann

IMMORIES

Tagebuch eines Abschieds

Bibliografische Information der Deutschen Nationalbibliothek:
Die Deutsche Nationalbibliothek verzeichnet diese Publikation in der
Deutschen Nationalbibliografie; detaillierte bibliografische Daten sind im
Internet über http://dnb.dnb.de abrufbar.

© 2019 Andreas Stuhrmann

Herstellung und Verlag: BoD – Books on Demand, Norderstedt

ISBN: 978-3-7504-2946-8

Inhalt

Immer wieder falle ich in diese tiefen Löcher
und es fließen nicht enden wollende Tränenströme.

Und dann taucht ein Bild von dir vor mir auf
und ich versenke mich
wie zu deinen Lebzeiten in den Blick deiner Augen.
Und wie damals finde ich die Ruhe,
die ich sonst überall vergeblich suche.

So bleibst du mein Anker, meine Mitte,
die Liebe meines Lebens.

Meine Frau verstarb am 18.12.2018, nachdem sie 34 Tage im Krankenhaus zugebracht hatte.

Für mich begann am 14.11.2019 zum ersten Mal mein persönlicher "Adventskalender", denn ein Jahr zuvor habe ich sie an diesem Tag zum Bereitschaftsarzt ins Krankenhaus gebracht. Türchen, die sich in diesem Kalender öffneten, enthielten nur in ganz wenigen Momenten schöne Überraschungen und am Ende stand eine Woche vor Weihnachten der Tod.

NOCH 34 TAGE (14.11.2018)

Wir hatten zwei wunderbare Jahre hinter uns. Wir lebten unser gemeinsames Leben wie auf einer einsamen Insel. Endlich einmal konnte uns keine Störung von außen erreichen.

Heute vor einem Jahr stimmtest Du zu, dich einmal genauer untersuchen zu lassen, um diesen Husten, der dich seit vier Wochen quälte, wieder los zu werden. Voller Hoffnung auf Hilfe fuhren wir ins Krankenhaus.

Du musst etwas geahnt haben, denn beim Losfahren fragtest Du: "Was wirst Du machen, wenn ich nicht mehr zurückkomme?" Ich schaute dich entgeistert an. Was sollte die Frage? Wir fuhren zu einer Untersuchung.

Du hast recht behalten. Du solltest gleich im Krankenhaus bleiben. Du durftest auch nicht mehr aus dem Bett aufstehen. Wir wussten beide nicht, dass es von nun an nur noch 34 Tage waren, die uns blieben.

Ein Missverständnis möchte ich zuvor noch aus dem Weg räumen. Ich blicke auf 23 Jahre Partnerschaft mit meiner Ehefrau zurück.

Die letzten zwei Jahre vor dem Tod meiner Frau waren insofern besonders als wir erstmals über einen Zeitraum, der länger als der sonst übliche Jahresurlaub war, Tag und Nacht zuhause zusammen waren. "Wir üben Rente", sagten wir immer.

Aber nun zurück zu meinem Tagebuch des Abschieds:

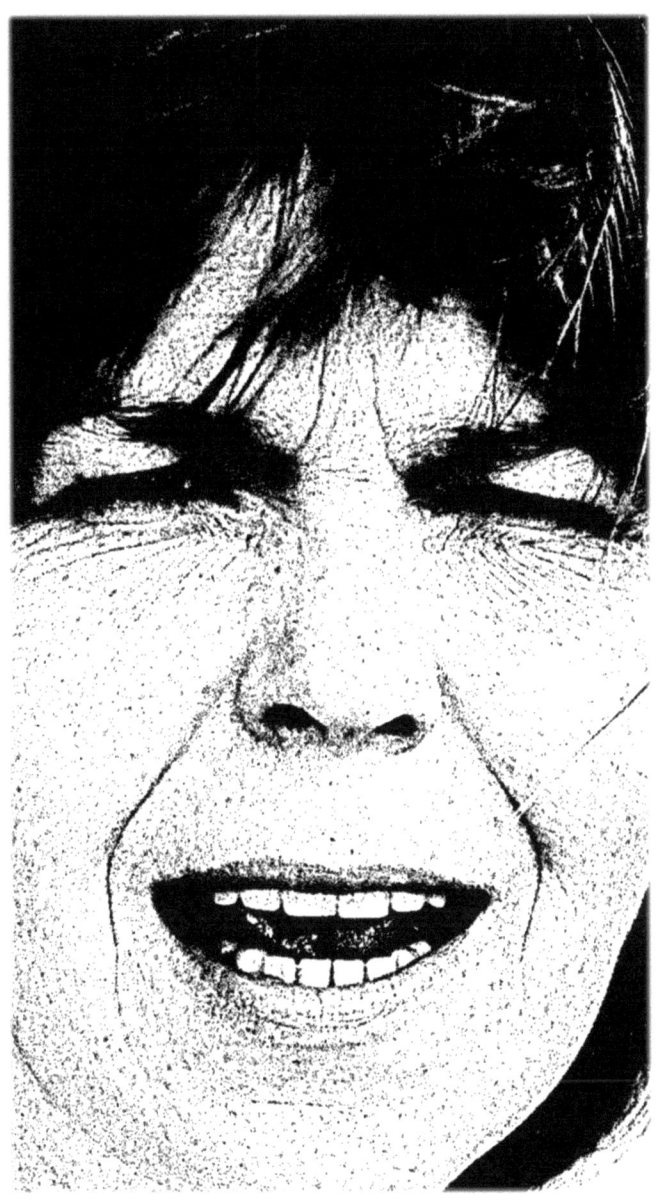

NOCH 33 TAGE (15.11.2018)

Du lagst auf der Intensivstation. Auf den Normalstationen waren keine Betten frei. Für Angehörige galt dort, dass man 24 Stunden am Tag, 7 Tage in der Woche dort verbringen durfte. Gelegentlich wurde man in einen Wartebereich gebeten, wenn es allzu hektisch wurde.

Ich kam an diesem Tag früh morgens an, wurde eingelassen und stand in einem leeren Zimmer. In einem anderen Bereich der Station hatte es Probleme gegeben, so dass zunächst niemand da war, mich zu empfangen. Ich glaube, ich muss hier keinem erklären, welche Gefühle und Ängste in so einem Moment in einem wach gerufen werden. "Sie ist im OP", wurde mir zugerufen.

Irgendwann kam mein Engel schlafend in seinem Bett aus dem OP zurück. Mit dem Wachwerden erschien ein breites Grinsen in deinem Gesicht. Du müsstest mir dringend eine der Schwestern vorstellen, sagtest du mir. Als diese später einmal kam, sollte ich raten, was ihr gemeinsam hättet. Und dann grinstet ihr mich beide Kopf an Kopf an. Ich bin nicht darauf gekommen, aber ihr hattet innerhalb weniger Minuten festgestellt, dass ihr beide denselben Geburtsort hattet, echte Spreewälderinnen.

Am späten Nachmittag dann große Visite mit dem Chefarzt. Er erklärte den Eingriff vom Morgen. Sie hatten zwischen Zwerchfell und Lungenflügel Flüssigkeit entdeckt, die dort dringend entfernt werden musste. "Und diese Flüssigkeit kann nicht von einer Bronchitis auch nicht von einer Lungenentzündung stammen. Wir müssen morgen eine Lungenspiegelung vornehmen. Wir wollen wissen, was da ist."

Und ich durfte mir Gedanken machen, was es sein könnte. Eine von vielen quälenden Nächten, die folgen sollten.

NOCH 32 TAGE (16.11.2018)

Es war schon zur Routine geworden. Aufwachen, aufstehen, anziehen, Katzen versorgen und dann ins Krankenhaus. Inzwischen war auch die ganze Familie im Spreewald und in Berlin informiert.

Diesmal musste ich einen Moment im Wartebereich Platz nehmen, da du gerade im OP-Bereich warst.

Dann wurde ich hereingerufen. Gerade rechtzeitig, um dich im Zimmer in Empfang zu nehmen. Du wirktest so zart und zerbrechlich in diesem Bett. Das Sprechen fiel dir schwer, also sprachen dein Lächeln und deine Augen. Es waren Momente, die mein Herz aufsog wie ein Schwamm.

Viel zu schnell war der Zeitpunkt für die Visite wieder herangekommen. Großer Aufmarsch. "Wir haben da leider etwas in der Lunge gefunden, was da nicht hingehört. Eine Probe davon ist ins Labor geschickt worden. Wir müssen die Ergebnisse abwarten, bevor wir entscheiden können, wie wir das tumoröse Gewebe behandeln ..." Das Wort, das so viel Schrecken verbreitet, war gefallen. Alles, was dann kam, ging in einem allgemeinen Blabla unter.

Die Ärzte waren verschwunden. Irgendwann spürte ich eine Hand auf der Schulter. Es war die Schwester aus dem Spreewald: "Lass dich nicht unterkriegen, nutzt die Zeit, die ihr hier noch habt."

Das haben wir dann in den folgenden Tagen beim Warten auf die Laborergebnisse getan.

NOCH 31 TAGE (17.11.2018)

Eigentlich ein ganz ruhiger Tag; ja auch das gab es anfangs. Wir warteten auf die Laborergebnisse, die noch immer nicht vorlagen.

Ich hatte die halbe Nacht damit zugebracht, mir im Internet anzulesen, was sich medizinisch hinter dem tumorösen Gewebe in der Lunge verbergen könnte. Ich hatte für mich beschlossen, auf die "harmloseren" Erkrankungen zu hoffen.

Und damit wäre schon alles über diesen Tag berichtet, wenn es dir nicht in den Sinn gekommen wäre, mal wieder die Hexe rauszulassen. In unserer Jugend gab es da diese amerikanische Serie "Verliebt in eine Hexe" und genau so liebenswert und charmant wie diese konntest Du in solchen Momenten sein, wenn du um jeden Preis versuchtest deinen Willen durchzusetzen. Was war passiert?

Nach dem Mittagessen wolltest du, dass ich dir die Reisetasche ans Bett bringe. Du durchwühltest alle Seitentaschen, ohne Antwort darauf zu geben, was du eigentlich suchst. Je länger du suchtest, desto hektischer wurdest du. Deine neue Freundin betrat gerade das Zimmer, als du mich ziemlich aufgebracht fragtest: "Wo sind meine Zigaretten?". Die Antwort mit breitem berlin-brandenburgischen Tonfall kam prompt: "Herzchen, wir geben dir hier reinen Sauerstoff, um dir das Atmen zu erleichtern. Du willst jetzt mit Feuer und Glut hantieren. Willst du uns alle in die Erdumlaufbahn katapultieren?"

Du überlegtest nur einen kurzen Moment. Während du anfingst dich vom Sauerstoff zu befreien, hörten wir: "Hol meine Zigaretten und dann bring mich zur Raucherzone!"

Und wieder reagierte die Schwester am schnellsten: "Bleib liegen! Du würdest in deinem Zustand kaum fünf Schritte schaffen. Aber wir haben

Nikotinpflaster unterschiedlicher Stärke, die wir dir zur Beruhigung geben dürfen. Wieviel hast Du denn geraucht?" Antwort nach kurzem Zögern: "Na vielleicht so 5-7 am Tag."

Mir stockte der Atem. Zuhause hattest du in jedem Zimmer, in das du mal gingst, Aschenbecher und Zigarettenpackung nebst Feuerzeug deponiert. Bevor irgendeine Arbeit begonnen wurde, musste erstmal eine Zigarette angezündet werden. Oft wurde schon eine Zigarette angezündet, während in einem anderen Raum noch der Glimmstängel im Aschenbecher vor sich her qualmte.

Auch die Schwester schaute dich nur kritisch an und schüttelte leicht den Kopf. "Naja, wenn ich ehrlich zu mir bin, waren es am Ende so ungefähr 2 bis 3 Schachteln am Tag. Aber ich habe immer versucht es zu reduzieren."

Wenig später war die Schwester mit einem Nikotinpflaster zurück und klebte es dir auf den Oberarm. Zufrieden drehtest du dich auf die Seite und versuchtest zu schlafen. Ein süßes, freches Grinsen huschte über dein Gesicht, als ich meine Hand auf deine Wange legte. Und dann waren nur noch tiefe regelmäßige Atemzüge zu hören.

NOCH 30 TAGE (18.11.2018)

Es war Sonntag, als dein Zustand erstmals kritisch wurde. Auf einmal wurde festgestellt, dass du in den letzten Tagen viel zu wenig gegessen und getrunken hattest. Außerdem bekamst du sehr schlecht Luft.

Der diensthabende Arzt teilte uns mit, dass er eine Verlegung in eine Nachbarklinik für angebracht halte. Dort gäbe es auch eine spezielle

Abteilung für Lungenheilkunde. Er setzte alle Hebel in Bewegung, dass du noch an diesem Tag dorthin gebracht würdest.

Von dort kam jedoch die Mitteilung, dass alle Betten belegt seien und man erst den folgenden Tag abwarten müsste, um endgültig über eine Aufnahme entscheiden zu können.

Währenddessen hatte sich dein Zustand durch Medikamente und Infusionen wieder gebessert. In der Aufregung hattest du meine Hand gegriffen und nicht mehr losgelassen. Nun lagst du schlafend vor mir in deinem Bett und ein Lächeln strahlte aus deinem Gesicht.

So wie ich es an dem Tag, als wir uns das erste Mal trafen, in deinem Gesicht gesehen hatte, als ich dir beim Abstieg zum Havelufer meine Hand gereicht hatte, damit du nicht stürzt. Von diesem Moment waren wir Hand in Hand weiter gegangen, denn du hattest deine zarte kleine Hand nicht mehr zurückgezogen.

Irgendwann am späten Abend kam eine der Schwestern und riet mir, nach Hause zu gehen. Heute würde nichts mehr passieren und du würdest wegen der Medikamente wahrscheinlich auch die restliche Nacht verschlafen.

NOCH 29 TAGE (19.11.2018)

Eine neue Woche. Der Auftakt wurde laut, sehr laut. Zu Beginn der Visite war die Stimme des Chefarztes laut und deutlich durch die gesamte Station zu hören.

Er möchte dies nicht noch einmal erleben, dass ohne Rücksprache mit ihm eine Patientin versucht werde am Wochenende in die Nachbarklinik zu verlegen. Dazwischen waren, fast geflüstert, Erklärungsversuche zu hören, die er nicht gelten ließ.

Du hattest zu dem Zeitpunkt nach einer unruhigen Nacht endlich geschlafen und nichts davon mitbekommen. Aber der Chefarzt hatte sich noch immer nicht beruhigt, als er das Zimmer betrat. Mit lauter Stimme erklärte er nochmals, dass zu keinem Zeitpunkt die Notwendigkeit bestanden hätte, dich in die andere Klinik zu verlegen. Es gäbe keine Behandlung, die hier nicht ebenso gut durchgeführt werden könne. Einzig Krebsbehandlungen, die radiologische Bestrahlungen erforderten, könnten Anlass sein, Patienten an eine der Unikliniken abzugeben.

"Ach so, das Laborergebnis liegt vor. Es ist der Lungenkrebs, den wir gefunden haben. Die genaue Art zu bestimmen, wird noch etwas Zeit dauern."

Da war das Wort gefallen, das mir seit meiner Internetrecherche am meisten Angst gemacht hatte. Ich hatte immer gehofft, dass wir doch einmal Glück haben müssten und eine der anderen möglichen Lungenerkrankungen für deine Beschwerden verantwortlich sei. Es tat weh, deine angsterfüllten, fragenden Augen zu sehen. Auch der Chefarzt beruhigte sich augenblicklich: "Wir werden alles unternehmen, ihnen zu helfen."

"Ich möchte doch nur noch einmal nach Hause." Ich hatte damals keine Ahnung, dass es nicht mehr darum ging, wie ich dir diesen Wunsch erfüllen könne. Die Frage war wohl schon längst, ob du jemals wieder nach Hause kämst.

NOCH 28 TAGE (20.11.2018)

"Immer, wenn du denkst es geht nicht mehr..."

bringt einer von irgendwo den Vorschlaghammer her.

Ich hatte eine fast schlaflose Nacht hinter mir. Ich hatte wohl fast alles, was man im Internet zum Schlagwort Lungenkrebs finden konnte, gelesen. Zuletzt klammerte ich mich an den Gedanken, dass wir es doch wenigstens mit der harmloseren Variante zu tun haben. Im erweiterten Bekanntenkreis hatte ich inzwischen von einigen Fällen gehört, die schon einige Jahre mit dieser Diagnose lebten.

"Spatz, Du siehst schei... aus," so wurde ich von dir begrüßt. Es folgte eine lange Umarmung und dann stürztest du dich begierig auf das selbst gemachte Apfelmus, den ich nun schon ein paar Tage von Zuhause mitbringen sollte.

Großer Aufmarsch zur Visite. Auch der Chef war wieder dabei. Gegenüber gestern erschien er wie ausgewechselt. Kein Poltern, ganz ruhig und freundlich.

"Wir haben es mit dem kleinzelligen Lungenkrebs zu tun. Außer einer Chemotherapie gibt es für uns keine Handlungsoption mehr." Nach allem, was ich gelesen hatte, schrie alles in mir: "Nein! Es muss ein Irrtum sein!"

"Es besteht kein Zweifel. Wir müssen nun mit unserem Onkologen Rücksprache halten, ob er hier die Behandlung durchführen will. Auf jeden Fall wird heute im Haus ein Zimmer frei, so dass wir sie auf eine der Stationen verlegen werden. Sie sind ja kein Fall für die Intensivmedizin und dort haben sie es auch ruhiger."

Es wurde noch Nachmittag, bis der Umzug rollte. Inzwischen war auch die Schwester, die dir zur Freundin geworden war, wieder im Dienst. Zum Abschied wechseltet ihr einen langen stummen Blick. Dann zogen wir mit Sack und Pack los zum neuen Zimmer. Dort fiel dir sofort auf, dass das Apfelmus nicht mitgekommen sei. Also ging ich noch einmal zur Intensivstation zurück. Dort ließ mich die andere Spreewälderin ein und schaute mir nur kurz in die Augen, bevor sie mich in den Arm nahm: "Ich wünsche dir jetzt ganz viel Kraft. Du wirst für euch beide sehr stark sein müssen. Das, was jetzt auf euch zukommt, ist eine Achterbahnfahrt der Gefühle und Hoffnungen. Gib sie, aber auch dich, nie auf."

Ich hatte keine Vorstellung davon, was sie meinte. Aber die nächsten Tage würden es mir zeigen.

NOCH 27 TAGE (21.11.2018)

Wir waren beide ziemlich unruhig und gespannt, wie und wann es mit deiner Behandlung losgehen würde. Deine größte Sorge galt der Frage, ob du wegen der Chemotherapie deine Haare verlieren würdest. Du stelltest ernsthaft die Frage, ob ich auch dann noch dich lieben würde oder ob ich mir dann nicht jemanden mit vollem Haar suchen würde.

Ich weiß nicht, was für Fragen dir noch eingefallen wären, wenn wir nicht gestört worden wären, da du nochmals die Station wechseln solltest. Du warst in der Chirurgischen Abteilung gelandet und belegtest dort ein Doppelzimmer. Dein neues Zimmer lag nun im Bereich der "Inneren Medizin" und war ein Einzelzimmer, da man, wie man uns erklärte, dir während der Chemotherapie niemanden mit in das Zimmer legen wolle.

Im Laufe des Tages wurde uns dann auch mitgeteilt, dass der Onkologe erst am späten Abend von einem Kongress zurückkäme aber zugesagt hätte, noch in dieser Nacht über deine Weiterbehandlung zu entscheiden.

Mehr ist zu diesem Tag nicht zu sagen, außer dass ich dich tief und fest schlafend am späten Abend verließ unwissend, welche Überraschungen der nächste Tag für uns bereithielt.

NOCH 26 TAGE (22.11.2018)

Dies war in der Rückschau der aufregendste Tag. Er brachte so viel Neues, Erschreckendes, dass es für Wochen gereicht hätte. Aus diesem Grund habe ich die Ereignisse des Tages in mehrere Blöcke aufgeteilt.

Teil I – Der Morgen

„Was soll das? Wo ist mein Mann?" Deine Stimme war laut und panisch schon im Flur zu hören. Die Zimmertür war groß aufgerissen und viele Menschen liefen im Zimmer auf und ab. Du lagst auf einer Trage, bis zur Hüfte bereits fixiert und zwei Sanitäter versuchten verschiedene Geräte neben dir auf der Trage zu platzieren. „Andreas, was passiert hier?" Das hätte ich auch gern gewusst.

Zwischen den Sanitätern und Pflegekräften erkannte ich einen der Ärzte. Er teilte mir mit, dass der Onkologe dafür plädiert hätte, dich umgehend an eine Uniklinik zu verlegen. Diese sei bereits informiert und erwarte dich. Für den Transport empfehle er allerdings, dir ein leichtes Beruhigungsmittel zu geben.

Erst jetzt hatte ich eine Chance an dich heranzukommen. Ich nahm deine Hand und versprach dir eindringlich, so schnell als möglich nachzukommen. Ich sollte noch deine Sachen zusammenpacken und die Entlassungspapiere abholen. Jedenfalls beruhigtest du dich und legtest dich auf die Trage und mit einem zaghaften Lächeln ließest du dich aus dem Raum schieben.

Nachdem auch das Thema Zuzahlung erledigt war und ich die Papiere erhalten hatte, konnte ich mich auch auf die 70 Kilometer lange Fahrt zur Uniklinik machen.

Teil II – Der Mittag

Ein Kulturschock. Aus Berlin war ich ja große Klinikbauten gewohnt. Aber hier, diese Uniklinik war eine Stadt in der Stadt. Hunderte von Bauten zwischen denen Linienbusse und Patiententransportfahrzeuge verkehrten. Und immer wieder der unübersehbare Hinweis auf die zentrale Notaufnahme. Mangels anderer Hinweise ging ich auch dort hin.

Von deiner Überstellung war dort nichts bekannt. Aber eine freundliche Dame machte sich dann doch im erweiterten Hausnetz auf die Suche und fand dann den Hinweis, dass du in der Station für Lungenheilkunde eingeliefert werden solltest, aber noch nicht eingetroffen seist.

Ich ging zu diesem Gebäudekomplex und wurde wegen Neuaufnahmen in das obere Stockwerk verwiesen. Dort angekommen, sah ich dich noch immer auf der Trage festgeschnallt im Flur stehen. Man müsse erst noch ein Bett für dich fertig machen, hieß es. Du meintest in der freundlichen Schwester, die sich immer wieder um dich kümmerte, wieder deine Freundin aus dem Spreewald zu erkennen. Auch sonst ließ dein Allgemeinzustand nichts Gutes vermuten. Der Stationsarzt bestand darauf, dass du vor der endgültigen Aufnahme auf der Station nochmals einer Bronchoskopie unterzogen wirst.

So lernte ich das „Straßennetz" unterhalb der Klinikgebäude kennen. Der Transporthelfer erzählte, dass er rund ein halbes Jahr angelernt wurde, um sich in diesem Keller auszukennen. Endlich hatten wir die

Untersuchungsräume erreicht. Ich durfte zunächst noch bei dir bleiben, um dich zu beruhigen. Wenn der Chef kommt, hieß es, müsse ich jedoch schnellstens den Raum verlassen. Der Chef hasse nichts mehr als Angehörige in den Untersuchungsräumen.

Ich lernte ihn im Wartebereich kennen. Zunächst wollte er mir den Ablauf der Untersuchung erklären. Als er hörte, dass du bereits eine Untersuchung in der letzten Woche mitgemacht hattest, verzichtete er auf die genaue Erklärung. „In 25 Minuten wissen wir mehr und dann kann ich ihnen Genaueres sagen," mit diesen Worten verschwand er im Untersuchungsraum.

Nach zehn Minuten öffnete sich die Tür wieder und er kam mit ernster Miene heraus. „Zunächst muss ich mich bei ihnen entschuldigen. Wenn wir aufgrund der Mitteilungen der anderen Klinik hätten schließen können, was wir jetzt nur oberflächlich gesehen haben, wäre ihre Frau sofort auf die Intensivstation gekommen. Wir werden noch heute mit der Chemotherapie anfangen müssen, wenn ihre Frau noch den Sonntag erleben soll."

Für einen Moment war mir so, als hätte ich den Boden unter den Füßen verloren.

Teil III – Der Nachmittag

Wie betäubt trottete ich durch die „Katakomben" deinem Bett hinterher. Wir erreichten einen Fahrstuhl und als die Tür sich wieder öffnete, standen wir mitten im Bereich der Intensivmedizin. Es hieß, ich würde beruhigend auf meine Frau einwirken und deshalb dürfte ich ausnahmsweise bei dir bleiben.

Und dann stürmten von allen Seiten Ärzte auf dich ein, die die verschiedensten Messungen durchführen oder Zugänge legen wollten. Du wurdest immer panischer und begannst mit mir eine Diskussion, dass du erst einmal eine Zigarette rauchen wolltest. Und wenn ich das jetzt nicht ermögliche, würdest du nicht länger mitspielen. Und dann war auf einmal laut und vernehmlich deine Stimme zu hören: „Schluss! Hört auf! Ich will nicht mehr!"

Schlagartig traten alle von deinem Bett zurück. „Klären sie das mit ihrer Frau!" Dann wurden Vorhänge um dein Bett zugezogen und zum ersten Mal an diesem Tag hatten wir einen Bereich für uns allein. „Was soll das?" „Ich mag nicht mehr." „Spatz, du sagtest doch immer, dass du noch einmal nach Hause möchtest. Mir wurde gerade mitgeteilt, dass du den Sonntag nicht mehr erlebst, wenn sie hier nicht mit der Behandlung heute noch beginnen." Dein Gesicht verriet mir, dass du bis zu diesem Moment nicht mitgeteilt bekommen hattest, wie es um dich stand. Ich konnte keine Ruhe mehr ausstrahlen. Meine Tränen konnte ich nicht mehr zurückhalten. Du griffst nach meiner Hand und dann hörte ich dich sagen: „Also gut, sie sollen weitermachen, aber bitte nicht wieder alle auf einmal."

Ich ging zu den Ärzten und teilte ihnen deine Entscheidung mit. Langsam versammelten sich wiederum alle um dein Bett. Mir wurde gesagt, dass ich einen kurzen Moment in einem Wartebereich Platz nehmen solle. Im Weggehen hörte ich eine Schwester: „Was macht ihr da? Die Frau ist hier, weil sie eine Chemo bekommen soll. Dann gehört sie zuerst in ein Isolierzimmer und dort machen wir alles andere."

Dann gab sie mir ein Zeichen, dass ich zurückkehren solle. Und für die nächste Stunde hatten wir noch einmal Ruhe, während im hinteren Bereich ein Isolierzimmer für dich vorbereitet wurde.

Teil IV – Der Abend

Irgendwann war diese gemeinsame Zeit der Ruhe zu Ende. Du wurdest abgeholt und in ein Isolierzimmer im hinteren Bereich der Intensivstation gebracht. Dort warteten die Schwester vom Nachmittag und ein Arzt auf uns. In einem Rundumschlag wurden die verschiedenen Geräte vorgestellt. Dann wurde uns mitgeteilt, dass man inzwischen entschieden hätte, dich wegen deines Allgemeinzustandes schlafen zu legen.

Anschließend wurde ich in den Wartebereich vor der Intensivstation geschickt. Dort saß ich dann für die nächsten 1 ½ Stunden, bevor ich wieder zu dir gelassen wurde.

Was für ein Schock! Unzählige Schläuche, die deinen Körper mit irgendwelchen Geräten verbanden. Der einzige Trost, der mir blieb, der Gedanke, dass dir nun endlich geholfen werden sollte. Als nächstes wurde mir mitgeteilt, dass es relativ feste Besuchszeiten gäbe und der heutige Tag eine echte Ausnahme gewesen sei. Und damit wurde ich dann nach Hause geschickt.

NOCH 25 TAGE (23.11.2018)

Nachdem ich gestern intuitiv das richtige von drei Parkhäusern gewählt hatte, konnte ich diesmal diese Parkmöglichkeit zielgerichtet ansteuern. Dann nur noch ein kurzer Fußweg an zentralen Versorgungszentren vorbei zum Nebeneingang der Notaufnahme, über das Treppenhaus in den zweiten Stock und pünktlich mit Beginn der Besuchszeit stand ich um 14 Uhr vor der Tür zum Bereich der Intensivmedizin. An einer kleinen Gegensprechanlage musste man sich anmelden und dann begann das Warten auf den Einlass. So lange ich dorthin musste, habe ich die Station nie um Punkt 14 Uhr betreten.

Erst an diesem Tag realisierte ich, dass unmittelbar hinter dem Eingang der Bereich der Intensivmedizin für Neugeborene lag. Allein der Gedanke daran, versetzt mir noch heute einen Stich ins Herz. Vorbei an dem Raum, in dem gestern deine Erstversorgung stattfinden sollte, gelangte ich schließlich zu Dir.

Dieses Bild verblieb für lange Zeit in meinem Kopf. Da lagst du in einem scheinbar viel zu großen Bett. Dutzende von Schläuchen liefen von den umstehenden Apparaturen zu Dir. Die Stellen, wo über irgendwelche Zugänge die Flüssigkeiten in deinen Körper liefen, waren fein säuberlich durch die Zudecke verdeckt. Mir fiel sofort auf, dass sich die Zahl der Infusionsständer gegenüber gestern erhöht hatte. Diese zusätzlichen Ständer hätten die Medikamente der Chemotherapie und Beutel für die künstliche Ernährung gehalten. Die Chemotherapie erkläre auch die etwas erhöhte Temperatur, die auf dem zentralen Kontrollmonitor neben den Daten zur Beatmung angezeigt werde. Mir liefen die Tränen, als ich nach einigem Suchen ein Stück deiner Hand fand, in das nicht eine Kanüle eingestochen war oder auf dem ein Messfühler klebte.

Wenig später kam ein junger Arzt und fragte nach deiner Patientenverfügung. Da wir bisher nichts in dieser Richtung unternommen hatten, sollte ich nun alle seine Fragen beantworten. Neben deinem Bett stehend sollte ich Auskunft geben, wie es die Ärzte mit Wiederbelebungs- und lebensverlängernden Maßnahmen halten sollten. Ich wurde das Gefühl nicht los, dein Todesurteil zu unterschreiben.

Aufgewühlt von den Eindrücken dieses ersten Nachmittags verließ ich dich am Abend und bat den Himmel inständig für dich um eine ruhige, erholsame Nacht.

NOCH 24 TAGE (24.11.2018)

"Wir müssen reden!" Mit diesen Worten kam mir heute eine Ärztin entgegen, als ich durch den langen Gang zu deinem Zimmer lief. In ihrer Hand hielt sie die Fragebögen des gestrigen Tages. "Ist das, was hier angegeben und von ihnen unterschrieben wurde, wirklich ihr Wille in Bezug auf die Behandlung ihrer Frau? Wenn das so richtig ist, müssten wir jetzt alle Geräte abstellen. Eigentlich hätten wir gar nicht mit der Chemotherapie beginnen dürfen." Sie schaute in mein entsetztes Gesicht. Dann zog sie mich in eine ruhigere Ecke auf der Intensivstation und sagte: "Was halten sie davon, wenn sie mir einfach mit ihren Worten sagen, was sie für ihre Frau wünschen? Ich höre mir das in Ruhe an und mache dann die Kreuze auf diesem Blatt so, dass es ihren Aussagen entspricht oder zumindest nahekommt."

Also begann ich ihr zu sagen, was unsere Wünsche und Hoffnungen bezüglich der Behandlung hier waren. Die Chemotherapie war uns angekündigt worden als Möglichkeit für dich, Weihnachten noch einmal Zuhause zu verbringen. Also sollte alles unternommen werden, diese Behandlung zu einem positiven Ende zu führen. Wenn es sich später ergeben sollte, dass du nur noch mit Beatmungsgerät und weiteren Apparaturen am Leben gehalten werden könntest, sollten derartige lebensverlängernde Maßnahmen unterbleiben. Aber zu keinem Zeitpunkt solltest Du vermeidbare Schmerzen erleiden müssen, noch unzureichend mit Flüssigkeit versorgt werden oder die Versorgung mit ausreichenden Nährstoffen eingestellt werden. Die Ärztin schaute mich lächelnd an: "So ergibt das alles einen Sinn. Ich habe die Änderungen hier notiert. Wir werden alles unternehmen, dass ihre Frau Weihnachten daheim ist."

Und dann durfte ich dich endlich sehen. Du sahst in dem Bett so friedlich schlafend aus. Nichts deutete darauf hin, was für ein Kampf in deinem Körper tobte. Der Schrecken der ersten Tage war irgendwie vergangen. Die Geräusche des Beatmungsgerätes wirkten geradezu beruhigend. Mit jedem Atemzug solltest du doch den Krebs weiter zurückdrängen können. Mit diesem Hochgefühl und ganz viel Hoffnung verließ ich dich an diesem Tag.

NOCH 23 TAGE (25.11.2018)

Und wieder dieser Gang vom Parkhaus durch das Klinikgelände, das Gebäude der Notaufnahme, die Intensivstation bis zu deinem Zimmer. Und wieder rebellierten die Beine und wollten mich gar nicht dahin tragen. Es war ein harter Kampf, Schritt für Schritt. Alles in mir sträubte sich dagegen, den geliebten Menschen in dieser Situation des Ausgeliefertseins zu sehen. Aber ich ging weiter, immer getrieben von der Hoffnung, dass es doch einmal eine positive Wendung geben müsse. Im Zwiespalt zwischen Hoffen und Bangen, Lachen und Weinen erreichte ich dein Zimmer.

Freudestrahlend kam mir der junge Arzt, der dich am Abend des Einlieferungstages betreute, entgegen. "Schauen sie mal, was für ein wundervolles Ergebnis wir erreicht haben." Mit diesen Worten zog er mich zu einem Bildschirm, wählte dort den Bereich der gespeicherten

Röntgenbilder und ließ eines auf dem Schirm anzeigen. Auf dem Bild erschien der dunkle Umriss eines menschlichen Oberkörpers. Der linke Lungenflügel war darin als leuchtend weiße Fläche zu sehen. Vom rechten Lungenflügel fehlte hingegen jede Spur; jedenfalls für mich als medizinischem Laien. "Das ist das Bild, das wir bei der Aufnahme ihrer Frau gemacht haben. Rechts sehen sie, dass der Zugang zum Lungengewebe förmlich zu gequetscht wurde und so keine Luft mehr in den Lungenflügel gelangen konnte; daher die fehlende weiße Fläche. Und nun schauen sie das Bild von heute Morgen."

Er klickte ein weiteres Bild an und auf dem Bildschirm erschien das nächste Röntgenbild. Darauf ein Oberkörper, in dem sich deutlich zwei Lungenflügel in voller Pracht zeigten. "Wir haben es geschafft, den Krebs soweit zurückzudrängen, dass beide Lungenhälften wieder mit Atemluft versorgt werden. Aber was noch viel wichtiger ist, wovon ich ihnen hier leider keine Aufnahmen zeigen kann, im CT haben wir den Kopf ihrer Frau nach Metastasen abgesucht. Sie wissen vielleicht, dass diese Form des Krebses bevorzugt ins Gehirn streut. Was soll ich sagen; das Ergebnis ist positiv, also wir haben im Kopf ihrer Frau keine Metastasen gefunden."

Hurra! Ich hätte den jungen Mann knutschen können, wie man in Berlin so sagt. Was eine Nachricht! Wir hatten einen großen Schritt auf das Ziel, dein Weihnachtsfest daheim, geschafft. Wenn du diesen Kampf so bravourös gemeistert hattest, dann sollten doch die nächsten Schritte, weg von der Beatmungsmaschine und den Medikamenten, keine Probleme darstellen. In dieser euphorischen Stimmung verließ ich an diesem Tag die Klinik.

An dem Weg zu dir hatte sich nichts geändert, aber ihn zu gehen, fiel mir heute deutlich leichter. Ich wusste, dass du die erste Chemotherapie erfolgreich überstanden hattest und außerdem begleiteten mich heute meine Kinder zu dir.

Nachdem sie gehört hatten, dass du auf die Intensivstation gekommen warst, hatten sie alle Hebel in Bewegung gesetzt, um dich einmal besuchen zu kommen. Die Lebensgefährtin des Ältesten hatte die Drei von Berlin hergefahren. Allerdings hatten die Jüngste und der Älteste nur einen Tag frei bekommen. Nur die ältere der beiden Schwestern wollte und konnte noch weitere Tage bleiben.

Während der Wartezeit vor der Intensivstation erzählte ich den Dreien von dem Erfolg. Und dann wurden zunächst zwei von uns eingelassen. Wir kamen in dein Zimmer und sofort liefen bei meiner ältesten Tochter die Tränen. Dich zwischen all den Apparaturen und Monitoren in dem Bett liegen zu sehen, war ein Schock, auf den keine Beschreibung der Welt sie hätte vorbereiten können. Als der Pfleger hörte, dass die anderen Kinder noch draußen warteten, bot er sich an, sie gleich noch zu holen. Das Zimmer sei groß genug und meine Frau läge hier ja allein. Da könnte man von der Regel zwei Besucher pro Patienten ruhig abweichen.

Wenig später betraten die Beiden das Zimmer und auch bei ihnen liefen die Tränen. Sie zeigten, wie sehr du den Dreien in den 23 Jahren ans Herz gewachsen warst, auch wenn der Anfang alles andere als leicht gewesen war. Um zu trösten, erzählte ich noch einmal unterstützt von dem Pfleger von dem Erfolg der Chemotherapie. Dass es für zwei meiner Kinder das letzte Mal war, dass sie dich lebend sahen, ahnte damals niemand. Und so waren im Nachhinein die tröstenden Worte nichts als leere Worte.

Dann verabschiedeten sich die Beiden, die noch am selben Tag wieder zurück nach Berlin mussten. Wir hofften alle, dass wir uns über die Weihnachtstage wiedersehen würden.

NOCH 21 TAGE (27.11.2018)

Meine älteste Tochter begleitete mich an diesem Tag beim Besuch bei dir. Wir hatten nicht erwartet, so überrascht zu werden.

Der Beatmungsschlauch war gezogen worden. Du lagst ruhig atmend in deinem Bett. Eine Vielzahl an Infusionsgeräten, die dir sonst nach einem festen Zeitplan Medikamente zugeführt hatten, war abgeschaltet. Wieder ein Schritt auf das gemeinsame Weihnachtsfest zu?

Der Pfleger erklärte uns, dass du die Beatmung gut überstanden hättest, dass du aber erschöpft seist und dich erst einmal ausruhen müsstest. Außerdem müsste dein Körper zunächst noch die letzten Reste der bisher eingesetzten Medikamente abbauen, ehe wir damit rechnen könnten, dass du wieder aktiv und wach am Leben rings um dich teilnehmen könntest.

Dann kam auch noch deine Nichte zu Besuch. Sie konnte leider kein Wort mit dir wechseln, aber immerhin war ihr der Anblick der letzten Tage erspart geblieben. Als kleines Geschenk brachte sie dir eine kleine Schutzengelfigur in einer Schneekugel mit. Leider konnte diese nicht bei dir bleiben, da es keinen Platz zur Ablage persönlicher Dinge gab. Ich versprach, dieses Engelchen jeden Tag wieder mitzubringen.

Mit großen Hoffnungen für die nächsten Tage verließen wir dich.

NOCH 20 TAGE (28.11.2014)

Wieder ein Schritt auf das große Ziel zu? Alles lief wie gehabt. Ankunft im Klinikum, Erreichen der Anmeldung für den Intensivbereich, Warten.

Nach einer gefühlten Ewigkeit durften wir zu dir. "Erschrecken sie nicht, ihre Frau sitzt noch in einem Stuhl und hat noch eine Atemmaske auf. Das ist das Wichtigste. Ihre Atemmuskulatur muss wieder an die normale Arbeit gewöhnt werden. Der Krebs hatte verhindert, dass die Muskeln richtig arbeiten und so bauten diese schnell und gewaltig ab. Leider war es hier heute etwas hektisch, so dass wir für diese Übung erst jetzt Zeit fanden. In ungefähr 30 Minuten darf sie wieder in ihr Bett." Mit diesen Worten erreichten wir dein Zimmer und sahen dich mehr in dem Stuhl hängen als auf ihm sitzen. Vor deinem Gesicht klebte eine riesige Atemmaske, die nur noch deine Augen frei ließ. Das Beatmungsgerät erzeugte einen Luftstrom und Geräusche, die mich an unseren Staubsauger daheim erinnerten. Du wirktest verloren auf diesem Stuhl und aus deinen Augen sprach pure Hilflosigkeit. Mir schossen Tränen in die Augen und meine Tochter rannte auf den Flur zurück.

"Ich denke für das erste Mal reicht es für heute, auch wenn die Stunde noch lange nicht herum ist. Gehen sie bitte noch mal auf den Flur, wir legen ihre Frau dann wieder ins Bett zurück. Anschließend lassen wir sie in Ruhe." Und so warteten wir noch einmal zehn Minuten, bevor wir endgültig zu dir durften. Du versuchtest ein Lächeln, als du Barbara sahst. Und mir schenktest Du einen langen tiefen Blick deiner wunderschönen Augen. Dann schliefst du ein und wurdest, so lange wir bei dir bleiben durften, nicht mehr wach.

NOCH 19 TAGE (29.11.2018)

Meine Tochter und ich fuhren voller Erwartungen zur Klinik. Aber erstmal hieß es wieder warten.

Endlich wurden wir wieder eingelassen und fanden dich wieder auf dem Stuhl sitzend, mit der großen Atemmaske vor dem Gesicht. Im Gegensatz zum Vortag wirktest du jedoch insgesamt munterer. Deine Augen strahlten und du versuchtest mit einer Hand zu winken, was wegen der Kanülen und Schläuche nicht wirklich gelang.

Erneut wurden wir gebeten, im Flur zu warten, bis du nach der Atemübung vom Stuhl zurück ins Bett gebracht worden warst. Dann durften wir endlich an dich heran. Du zeigtest dein hübschestes Lächeln, dann drehtest du dich zur Seite und schliefst ein.

Nach einer Stunde ungefähr wurdest du wieder wach und fragtest: "Wieso seid ihr noch hier?" "Weil wir dich liebhaben," war die Antwort meiner Tochter. Daraus entwickelte sich eine Rückschau auf unsere gemeinsame Zeit. Viele lustige Anekdoten wurden ausgetauscht.

Das inzwischen auch die beiden anderen Kinder und deine Nichte bei dir gewesen seien, nahmst du kopfschüttelnd zur Kenntnis. Davon hättest du nichts mitbekommen.

Da erschien mit einem Becher Wackelpudding in der Hand der Pfleger. Er begann dich damit zu füttern. "Das soll die Mundhöhle anfeuchten," erklärte er. Wasser würde viel zu schnell durchlaufen und nach der künstlichen Beatmung hätten viele Patienten Probleme mit dem Schluckreflex. Der Pudding würde lange genug im Mund verbleiben und wesentlich langsamer die Speiseröhre hinunterlaufen. Zu unser aller Freude machtest Du den Becher fast komplett leer. Und schließlich fragtest du, ob du am nächsten Tag etwas von unserem selbstgemachten Apfelmus essen dürftest. "Apfelmus ist genauso gut wie die Götterspeise," sagte der Pfleger noch.

Mit einem zufriedenen Lächeln im Gesicht schliefst du ein. Glücklich über die bisherige Entwicklung verließen wir dich und hofften, dass dich die folgende Nacht weiter stärken würde.

NOCH 18 TAGE (30.11.2018)

Frohen Mutes hatten wir uns auf den Weg zu dir gemacht. Wir hatten auch nicht das Apfelmus, das du dir gewünscht hattest, vergessen. Es lief alles wie üblich ab: Auto im Parkhaus abstellen, Fußweg zum Gebäude der Notaufnahme zurücklegen, der Weg durch das Treppenhaus und die Anmeldung mit der üblichen Wartezeit.

Dann wurden wir hereingelassen und kamen zu deinem Zimmer. Der Stuhl war aus dem Zimmer gerollt worden. Du lagst in dem Bett und hattest die Augen geschlossen. Sie blieben auch zu, als wir dich ansprachen. Als ich deine Hand in meine Hand nahm, spürte ich keinen Druck.

Ein Arzt kam und erklärte uns, dass man im Moment noch nicht wisse, was mit dir los sei. Man könne nur feststellen, dass du an diesem Tag noch nicht auf Ansprache reagiert hättest. Allerdings seist du vormittags so unruhig gewesen, dass du dir eine Kanüle aus dem Arm gezogen hättest. Diese Reaktion sei noch nie mit den verabreichten Medikamenten beobachtet worden, ob ich ihm etwas über deine Vorerkrankungen sagen könnte, damit man einen Anhaltspunkt hätte, wo man suchen sollte. Ich verwies darauf, dass ich die entsprechenden

Unterlagen bei der Einlieferung mitgebracht hätte: Arztbriefe, Untersuchungsberichte und CDs über die zahlreichen CT- und MRT-Untersuchungen, die du seit 2013 hättest absolvieren müssen. Allerdings seien die beteiligten Neurologen und Neurochirurgen sich uneins, womit man es zu tun hätte. Bei aller Ähnlichkeit mancher Symptome hätte man jedoch MS sicher ausschließen können. Davon war ihm bis zu diesem Zeitpunkt nichts bekannt. Er wollte sich jedoch erkundigen, wo die Unterlagen geblieben seien.

Eine halbe Stunde später kam er mit dem Schnellhefter wieder und teilte mir mit, dass er aufgrund der Befunde die Hinzuziehung der klinikeigenen Neurologen und Neurochirurgen für sinnvoll erachte.

Danach saß ich lange Zeit neben dir und hielt deine Hand. Irgendwann öffnetest du für einen kurzen Moment die Augen und einmal war mir so, als hättest du versucht, mit zwei Fingern meine Hand zu drücken. Vom Vortag zu heute - so muss man sich wohl auf dem Jahrmarkt im Fallturm fühlen, nur das der irgendwann abbremst, während es in mir nur noch abwärts ging.

NOCH 17 TAGE (01.12.2018)

Welche bitterböse Überraschung würde dieser Tag für mich bereiten? Der Weg zu dir ins Isolierzimmer war gefühlsmäßig ein harter Kampf. Jeder Schritt vorwärts musste scheinbar mühsam errungen werden. Eine Seite in mir schrie: "Hört auf! Es reicht! Was soll denn noch kommen?" Die andere Seite drängte zu Dir, um dir wenigstens die kurze Zeit des Tages beizustehen. Schließlich hatte ich durch dich wieder Freude am Leben gefunden, war ich mit so viel Liebe beschenkt worden.

Ich wurde vor dem Zimmer von dem Arzt, der schon am Vortag mit mir gesprochen hatte, abgefangen. Er erklärte mir, dass man inzwischen eine innere Entzündung bei dir vermute. Man messe jetzt ständig eine erhöhte Temperatur. Aber die Zuckungen deiner Gliedmaße habe man abstellen können, nachdem die hinzugezogenen Neurologen erklärt hätten, dass du deine üblichen Medikamente auch hier umgehend erhalten solltest. Wegen des Verdachtes der Entzündung habe man dir Blut abgenommen und warte momentan auf die Laborergebnisse.

Dann durfte ich endlich zu dir. In all den Jahren mit dir, hatte ich noch nie eine so warme Hand in meiner Hand halten können. Und es gab viele Momente, wo ich deine Hand in meiner Hand hielt und ich erinnerte mich an die schönsten Momente. Unser erster Spaziergang an der Havel, als ich dir die Hand reichte, um dir auf dem abschüssigen Weg Halt zu geben, und du anschließend deine Hand ganz selbstverständlich in meiner Hand liegen ließest. Oder der Einzug in unser neues Zuhause in Berlin-Pankow am Stadtrand, als wir wegen deiner neuen Arbeit für die letzten Jahre in der Stadt noch einmal die Wohnung wechselten. Unser erster Spaziergang rund um unser neues Haus in der Eifel, als uns Trixi, unsere Katze, wie ein Hund bei Fuß begleitete. Und dann natürlich der Moment, als wir das Standesamt von Bad Münstereifel betraten, um unsere Hochzeit anzumelden, und uns der Standesbeamte aus deiner Lieblingssendung, der Traumhochzeit, willkommen hieß. Alles das erzählte ich dir und an manchen Stellen spürte ich, wie du versuchtest meine Hand zu drücken.

Bis wir gehen mussten, war die Temperatur weiterhin gestiegen. Der Arzt versicherte mir beim Abschied, dass man auch in der Nacht sofort Maßnahmen einleiten werde, wenn der gefährliche Temperaturbereich erreicht sei oder die Ergebnisse vom Labor vorlägen.

Hatten wir denn wirklich schon unser Glückskonto leer geplündert? Sollten wir denn wirklich nur noch vom Pech verfolgt werden? Warum musstest du den Preis zahlen? Hätte das Schicksal nicht auch mir einen Teil der Last aufbürden können? Gedanken, die mich an diesem Abend noch lange beschäftigten.

NOCH 16 TAGE (02.12.2018)

Wir mussten wieder gefühlt eine Ewigkeit am Einlass warten. Da Sonntag war, schoben wir es darauf. Endlich wurde die Tür geöffnet und wir wurden durch einen Pfleger abgeholt. Was für einen Grund hatte das nun wieder? Wir kannten doch den Weg zu Dir.

Aber etwas war schon auf den ersten Blick anders. Die Tür vom Flur in den Vorraum deines Zimmers, war zugezogen. Und an der einen Seite war ein Ständer mit Einmal-Schutzkleidung aufgestellt und auf der anderen Seite stand eine große Tonne, in die schon Haufen von benutzter Schutzbekleidung hineingeworfen waren.

"Bei ihrer Frau ist eine schwere Lungenentzündung festgestellt worden. Momentan müssen wir sie bitten, jeweils komplett die Schutzkleidung überzuziehen und diese beim Verlassen des Zimmers, hier in diese Tonne zu werfen. Das gilt auch für den Fall, dass sie nur kurz die Toilette aufsuchen möchten, mit einem Arzt im Arztzimmer sprechen wollen oder aus was für einem Grund auch immer hier herauskommen."

Komplett hieß, dass wir für die Schuhe Überzieher nutzen mussten. Dann gab es eine "Schürze". Der alte Begriff des Hauskittels, den meine Großmutter immer verwendete, trifft es wohl eher. Außerdem eine "Duschhaube", Mundschutz und zum Schluss Handschuhe, die es immerhin in zwei Größen gab. Das heißt, bevor die Handschuhe angelegt wurden, mussten wir die Hände und teilweise Unterarme nochmals desinfizieren. Bis auf die Handschuhe und den Mundschutz war alles in Gelb gehalten. "Paps, so habe ich mir das immer vorgestellt, wenn mir im richtigen Leben mal ein Minion begegnet." (Kinder bereiten einem so viel Freude - selbst im Alter)

Dann durften wir zu dir. Dein Körper glühte. Unter den geschlossenen Augenlidern konnte man die Bewegung der Augäpfel sehen. Du wurdest ruhiger, als ich deine Hand nahm. Zum Glück öffnetest du nicht deine Augen. Unser Anblick hätte wahrscheinlich noch mehr Panik verbreitet. Mir liefen die Tränen und nur aus der Ferne hörte ich wieder die Stimme des Pflegers: "Ihre Frau bekommt jetzt sehr starke Antibiotika, da ihr Körper wegen der Chemo über keine eigenen Abwehrkräfte verfügt. Möglicherweise werden wir die Mittel auch noch mal austauschen müssen, wenn sie nicht wirken sollten. Das sicherste Zeichen für die erfolgreiche Behandlung wäre ein Rückgang der Körpertemperatur, die momentan, wie sie selbst sehen, viel zu hoch ist."

Ich weiß nicht mehr, wie oft ich in den nächsten Stunden auf diese Anzeige gestarrt habe. Jeder tiefere Atemzug von dir, jeder Seufzer nährte die Hoffnung, dass das Fieber gesunken sei. Vergebens.

Mit dem innigen Wunsch, dass du in der Nacht Ruhe finden mögest, verließen wir dich.

NOCH 15 TAGE (03.12.2018)

Der nächste Tag – das gleiche Bild. Wir mussten durch die zusätzliche Schleuse und uns dort wieder mit dem „Schutzanzug" bekleiden. Du lagst in deinem Bett und eine Vielzahl von Schläuchen, durch die verschiedene Medikamente und Flüssigkeiten flossen, verbanden dich mit den Infusionsautomaten. Auf dem zentralen Monitor liefen ständig die Kurven für Puls, Blutdruck und Temperatur über das Bild. Du bekamst nichts davon mit. Auch nicht die dauernden Alarmmeldungen, weil einer der Werte einen Grenzwert erreichte oder weil eine der Infusionsflaschen leer war. Das Einzige, was dich störte, war der Schlauch, der dir Sauerstoff durch die Nase zuführen sollte. Du wälztest dich so im Bett hin und her, dass dieser Schlauch beständig aus der Nase rutschte und die Sauerstoffversorgung unzureichend war. Am Ende wurde dieser Schlauch mit ein paar Klebestreifen fixiert.

In diesem Moment wurden wir ganz bescheiden. Ein Moment des Glücks war bereits erreicht, wenn einmal fünf Minuten vergingen, ohne dass ein Alarm ausgelöst wurde und die schrillen Alarmglocken ertönten.

Leider gab es davon nur wenige Momente, da dein Fieber trotz der Medikamente immer wieder in lebensbedrohliche Bereiche anstieg. Es war ein ständiges Auf und Ab und so entschieden die Ärzte noch einmal, den Medikamenten-Cocktail zu ändern. Ich sollte ihnen sagen, ob du gegen einen der Inhaltsstoffe allergisch seist.

„Wir können nur abwarten, ob die neue Kombination der Medikamente den gewünschten Erfolg bringt. Das wird der morgige Tag zeigen!" Diese Aussage des Arztes war wohl als Trost gedacht, beruhigte mich aber keines Falls. Die Nacht war angefüllt mit Fragen und Gedanken über deine Situation und die Behandlung. Starke Zweifel, wo feste Hoffnung hätte sein sollen.

NOCH 14 TAGE (04.12.2018)

Ich wollte an diesem Tag schon früher bei dir sein und versuchte über die bekanntgegebene zentrale Rufnummer einen abweichenden Besuchstermin zu erreichen. Ich erreichte nur, dass mir nochmals in aller Deutlichkeit mitgeteilt wurde, wann Besuch in der intensiv-medizinischen Abteilung erlaubt sei. Auch der Hinweis, dass mir die Ärzte von dieser Möglichkeit erzählt hätten, half nichts.

Wir mussten, wie üblich, am Nachmittag vor der Eingangsschleuse warten, bis wir eingelassen wurden. Als wir an dein Zimmer kamen, war die Schiebetür zu deinem Zimmer fast zugeschoben, aber die Halter für die Schutzkleidung und die Abfalltonne waren verschwunden. Uns wurde mitgeteilt, dass du in der Nacht hervorragend auf den neuen Medikamenten-Mix reagiert hättest und jetzt keine Ansteckungsgefahr bestehe. Wir dürften, ohne Schutzkleidung anlegen zu müssen, dein Zimmer betreten.

Die Zahl der Infusionslösungen war unverändert hoch und schillerte in vielen Farben. Der Monitor zeigte, dass dein Puls noch immer raste und der Blutdruck sich im unteren Normalbereich befand. Aber die Körpertemperatur war auf ein normales Maß abgesunken.

Du schliefst und dabei sollte es auch die gesamte Zeit, die wir bei dir waren, bleiben. Das seien die Auswirkungen der fiebersenkenden Mittel und der Antibiotika, mit denen sich dein Körper auseinandersetzen müsse. Morgen könnten wir mit einem wesentlich besseren Zustand rechnen.

Dieser Hinweis schoss durch meine Ohren, den Kopf und landete mitten im Herz, wo er sich fest verankerte. Es wäre so ein schönes, wenn auch verfrühtes, Weihnachtsgeschenk.

NOCH 13 TAGE (05.12.2018)

Wie hatte ich an ein Weihnachtsgeschenk denken können? Dieser Tag brachte eine Überraschung, mit der wir überhaupt nicht gerechnet hatten.

Noch in der Nacht hatte sich dein Allgemeinzustand zum Negativen gewandelt. Wie man später feststellte, hatte deine Lunge nicht richtig gearbeitet und die verbrauchte Atemluft nur teilweise aus dem Körper gebracht. Du hattest dir eine CO_2-Vergiftung eingehandelt. Als Folge davon warst du wieder an das Beatmungsgerät angeschlossen worden. Und all die Medikamente, die dich im Schlaf halten sollten, waren auch wieder da.

Ich redete auf dich ein, dass du jetzt nicht aufgeben solltest. Noch bestünde ja wohl die Chance, dass du für das Weihnachtsfest nach Hause kommen könntest. Ich weiß nicht, ob du davon etwas mitbekommen hast und wenn ja, ob du noch bereit warst daran zu glauben.

Und wieder begann eine Phase, in der die verschiedenen Maschinen die Kontrolle über deinen Körper übernahmen. Leid tat mir deine Nichte, die dich an diesem Tag wieder besuchen kam und dich wieder nur angeschlossen an den Maschinen sah; keine Möglichkeit, mal ein Wort mit dir zu wechseln. Ich nahm sie in den Arm, als ich sah, wie die Tränen liefen.

Wieder konnten wir nur warten und hoffen, dass du auch diesen Kampf gewinnen würdest.

NOCH 12 TAGE (06.12.2018)

Da lagst du wieder so friedlich in deinem Bett. Wenn nicht das Geräusch des Beatmungsgerätes den Takt vorgegeben hätte, hätte man meinen können, du schliefest tief und fest.

Diesmal waren es die Sättigungswerte des Blutsauerstoffs die darüber entscheiden sollten, wann du von der Maschine befreit werden würdest. Momentan sahen die Werte noch nicht gut aus, aber es waren ja auch noch zwei Wochen bis zum Weihnachtsfest.

Allerdings beschlichen mich so langsam Zweifel, ob ich das alles in der kurzen Zeit bis zum Fest organisiert bekäme, wenn du entlassen würdest. Dass das passieren sollte, darin wurde ich von dem Pfleger und dem Arzt, die dich an diesem Tag betreuten bestärkt. Außerdem hieß es, würde der sozialmedizinische Dienst helfend unterstützen und damit könne ich damit rechnen, dass die notwendigen Hilfsmittel innerhalb von 24 Stunden bei uns wären.

Etwas beruhigter und hoffnungsfroher fuhr ich an diesem Abend wieder nach Hause. Unterwegs kamen wir durch einen Ort, in dem die Dorfmitte zur Weihnachtszeit besonders herausgeputzt war. „Da müssen wir mit Doris unbedingt durchfahren, die mag doch diese geschmückten Weihnachtsbäume," sagte ich noch zu meiner Tochter.

NOCH 11 TAGE (07.12.2018)

Das, was heute zuerst auffiel, war dein rechter Arm, der auf fast den doppelten Umfang angeschwollen war. Der Arzt erklärte, dass du im Oberarm eine Thrombose hättest, die es jetzt zu behandeln gelte. Er sagte aber auch, dass dies aufgrund der Situation mit der Vielzahl an Kanülen durchaus im Bereich des Üblichen läge und leicht zu behandeln sei. Aus diesem Grund gab es ein weiteres Medikament, das über die Infusionsmaschinen in deinen Körper gepumpt wurde.

Folglich gab es ein Gerät mehr, das seinen Alarm in die Stille des Zimmers hinauströten konnte. Du zeigtest kaum eine Reaktion auf die Alarmtöne.

Immerhin war deine Körpertemperatur wieder in den für dich normalen Bereich gesunken. Es war wunderschön deine kühle Hand in meiner Hand zu halten und sie zu streicheln. Darüber vergingen die Stunden und schon war es wieder Zeit, dich verlassen zu müssen.

Was würde der morgige Tag bringen? Was war von dem Plan, dich Weihnachten zuhause zu haben, übriggeblieben?

NOCH 10 TAGE (08.12.2018)

Es war mal wieder Samstag geworden. Deine Situation hatte sich nicht verändert. Die Beatmungsmaschine war schon aus dem Flur zu hören. Ein kurzes Durchzählen der Infusionsgeräte zeigte, dass noch alle da waren aber auch kein neues Medikament dazu gekommen war.

Wir erzählten dir von den weihnachtlichen Eindrücken, die wir auf unseren Fahrten tagein tagaus sammelten.

Barbara ging dann hinüber in das Bibliotheksgebäude, um dort in der Cafeteria noch schnell einen Kaffee zu trinken. Sie hatte das Zimmer gerade verlassen, als ein Großaufgebot von Pflegern ins Zimmer kam, um dich zu waschen und das Bett neu zu beziehen. Ich wurde gebeten, so lange vor der Station im Wartebereich Platz zu nehmen.

Dort saß bereits eine mehrköpfige Familie, die ihren Vater am Vortag ins Krankenhaus gebracht hatte. Der Sohn, selbst Familienvater, lief mit einem Handy am Ohr auf und ab und dann platzte es aus ihm heraus: „Hertha hat gegen Frankfurt gewonnen, 1:0!" Mir rutschte wohl etwas zu laut heraus: „Na ditt is ja ma'ne Nachricht!" Und schon war ich als Berliner erkannt. Und so entwickelte sich ein Gespräch, das für die nächsten zehn Minuten von den Problemen hinter der geschlossenen Zugangstür ablenkte. Er gehörte zu den Bundesbeamten, die im Zusammenhang mit dem Regierungsumzug nach Berlin mussten, während ich damals zeitgleich Berlin verlassen hatte. Bis auf seine Frau und zwei Kinder lebte die Familie nach wie vor hier und in der Umgebung. Bei uns war es genau anders herum. Das Gespräch mussten wir abbrechen, da wir wieder auf die Station gerufen wurden.

Mit den frisch aufgeschlagenen Kissen und der glatt gestrichenen Zudecke wirktest du gleich noch zarter und zerbrechlicher. Man hatte dich sogar gekämmt – mit Mittelscheitel! Einer Frisur, die du nie getragen hast. Als wir gingen, strich ich dir noch einmal durch das Haar, damit du wieder deinen heißgeliebten Pony trugst.

NOCH 9 TAGE (09.12.2018)

Der Arm war nicht mehr so dick wie in den letzten Tagen. Aufgrund der aktuellen Blutwerte hatte man begonnen dir auch noch Bluttransfusionen zu geben.

Mehr gibt es über diesen Tag nicht zu berichten. Das war wohl der bisher ruhigste und ereignisloseste Tag, der zweite Adventsonntag.

NOCH 8 TAGE (10.12.2018)

Der letzte Tag, an dem Barbara dabei war. Sie musste am nächsten Tag wieder nach Berlin, da sie am folgenden Mittwoch selbst einen Arzttermin hatte, auf den sie mehrere Wochen hatte warten müssen.

Dasselbe Spiel wie immer. Beim Durchzählen der Infusionspumpen fiel auf, dass das Thrombosemittel nicht mehr gegeben wurde. Der Arm war auch etwas dünner geworden. „Merkt ihr denn gar nicht, was sich geändert hat?" fragte der Pfleger. Wir schauten uns noch einmal im Zimmer genau um. Und dann sahen wir zeitgleich, dass die Kurve, die das Atemvolumen anzeigte, nicht mehr in Blau, sondern in Braun dargestellt wurde. „Wir haben die Maschine heute umgestellt. Sie läuft nur noch Standby mit. Ihre Frau atmet wieder kräftig und allein. Die Maschine kontrolliert das und nur, wenn es zu Atemaussetzern kommen sollte, wird die Maschine aktiv. Bei Braun atmet der Patient; bei Blau pustet die Maschine."

Ein großer Fortschritt schien erreicht und die gesamte Zeit, die wir bei dir waren, zeigte die Maschine, dass du das selbständige Atmen übernommen hattest. Wir schienen deinem Traum doch ein ganzes Stück näher gekommen zu sein.

NOCH 7 TAGE (11.12.2018)

Ich hatte meine Tochter zum Bahnhof gebracht. Sie wollte spätestens, wenn Doris nach Hause kam, wieder zu uns kommen. Als der Zug abgefahren war, machte ich mich auf den Weg zu dir. Ich hatte ein paar Bücher eingepackt, um dir etwas vorzulesen in der Zeit, die ich bei dir war.

Als ich die Station betrat, wurde mir mitgeteilt, dass die beiden Chefs dringend mit mir reden wollten. Ich sollte an diesem Abend bitte auf die Beiden warten. Ich sagte, dass ich alle Zeit der Welt hätte und sie mich jederzeit an deinem Bett finden würden.

An deinem Bett griff ich deine Hand und las dir aus dem mitgebrachten Buch vor:

„In deinen Armen fühle ich mich angenommen..."

„... und deine Hand passt genau in meine."

Ich hatte das Gefühl, dass du bei diesem Satz meine Hand drücktest. Und ein tieferer Atemzug folgte auf:

„Wenn du lächelst, verliert die Welt alle Schrecken."

Ich hätte dir noch Hunderte solcher Sätze vorlesen können, aber inzwischen war es Abend geworden und die Chefin der Intensivstation und der Professor, den ich bei der Bronchoskopie kennengelernt hatte, betraten den Raum. Wir standen um dein Bett herum, während die Beiden sprachen. Zunächst erklärte die Ärztin, dass die Chemotherapie in der Intensivmedizin ein voller Erfolg gewesen sei und es klang fast so, als hätten sie das noch nicht oft gemacht. Dann brachte es der Professor auf den Punkt. „Wir müssen bald mit einer zweiten Chemotherapie beginnen. Diese können wir aber nicht verabreichen, solange ihre Frau am Beatmungsgerät hängt. Das Risiko war schon bei der ersten sehr hoch, aber bei der zweiten wäre es nicht kalkulierbar. Wie sollten wir jetzt weitermachen? Was würde ihre Frau wollen?" Ich erklärte zum x-ten Mal, dass du noch einmal nach Hause wolltest, um dich von unserem Zuhause aber vor allem von deinen geliebten Katzen zu verabschieden.

Er schaute mich lange an: „Das ist ein vernünftiger Wunsch. Wir wollen alles unternehmen, ihr diesen Wunsch zu erfüllen. Aber wenn sie nach Hause kommt, reden wir hier nur noch von einem Zeitraum von zehn bis vierzehn Tagen. Das muss ihnen klar sein. Und wir müssen uns noch über einen Punkt unterhalten, den wir erst jetzt, nachdem der Tumor noch weiter weggegangen ist, bei ihrer Frau gefunden haben. Der Tumor hat an der Wirbelsäule ihrer Frau Metastasen gebildet. Wenn wir also in Situationen geraten, in denen wir Wiederbelebungsmaßnahmen ergreifen müssen, riskieren wir, dass die Wirbelsäule in mehrere Teile zerbricht, denn die Metastasen scheinen die Wirbel bereits teilweise aufgelöst zu haben. Wenn wir also die Herz-Druck-Massage ausführen würden, könnte die Wirbelsäule in ungezählte Teile zersplittern. Eine Querschnittlähmung wäre wohl das harmloseste, was ihre Frau erwarten dürfte, aber auch sehr wahrscheinlich." „Dann sollten wir auf die Wiederbelebungsmaßnahmen verzichten," hörte ich mich sagen. „Ich würde bei meiner Frau genauso entscheiden," sagte der Professor.

Und dann fasste er den Fahrplan für die nächste Zeit noch einmal zusammen. Zunächst solltest du von dem Beatmungsgerät wegkommen. Die Notwendigkeit, dich nochmals zu beatmen, würde dazu führen, dass du einen Luftröhrenschnitt erhalten müsstest und keine erneute Chemotherapie mehr durchgeführt werden könne. Wenn du stabil bliebest und eigenständig atmen würdest, würde als nächstes die zweite Chemo starten. Wenn du diese überstanden hättest, solltest du nach Hause kommen. Das könnte aber auch erst nach Weihnachten der Fall sein. Es hinge jedenfalls davon ab, wie dein Körper auf die zweite Therapie reagieren würde.

Es klang nach einem Plan.

NOCH 6 TAGE (12.12.2018)

Ein neuer Tag, aber an den Umständen hatte sich nichts geändert. Die Beatmungsmaschine zeichnete jeden deiner Atemzüge auf und zeigte, dass du wieder sehr gut eigenständig atmen konntest.

Die Medikamente in den Infusionspumpen hatten massiv abgenommen, aber die Mittel, die dich im Schlaf halten sollten, wurden noch mit gleicher Stärke in dich hineingepumpt.

Gegen 17 Uhr wurde ich wieder aus dem Zimmer in den Wartebereich gebracht, da dir der Beatmungsschlauch gezogen werden sollte und dies kein Moment sei, den Angehörige mitansehen sollten.

Ungefähr eine dreiviertel Stunde später durfte ich wieder zu dir. Du schliefst noch tief und fest, die Mittel waren ja auch noch nicht abgesetzt worden. Aber man hatte dir wieder das Bett neu bezogen und dein Gesicht wurde wieder von einem Mittelscheitel eingerahmt.

Ich fuhr dir zum Abschied wieder durch dein Haar, um die alte Unordnung herbeizuführen. Es war so friedlich in deinem Zimmer ohne die Pumpgeräusche des Beatmungsgerätes. Zu den Medikamenten wurde mir gesagt, dass diese auch noch am nächsten Tag gegeben würden, um sie langsam aus dem Körper auszuschleichen. Du würdest also noch einige Zeit mit den Infusionspumpen leben müssen.

Zu diesem Zeitpunkt war nur wichtig, dass du selbständig atmetest und dass nicht wieder eine Lungenentzündung oder ähnliches dich ereilen würde. Ich bat den Himmel inständig, dir wenigstens diesmal einen Moment der Erholung zu gönnen.

NOCH 5 TAGE (13.12.2018)

Bepackt mit meinen Büchern kam ich zu dir. Du lagst noch immer auf der Intensivstation, aber die Geräte, die dich überwachten oder dir Medizin zuführten, waren zum großen Teil abgebaut. Einzig die Pumpen mit den Schmerzmitteln gingen noch ihrer Arbeit nach, um deinen Körper langsam zu entwöhnen.

Folglich lagst du wieder in deinem Bett und keine Regung des Gesichts und kein Zucken deines Körpers verrieten, ob und was du von dem Geschehen um dich herum mitbekamst. Ich redete auf dich ein. Wie du mich von Anfang an mit deiner Stimme und deinem Lachen gefesselt hattest. Wie atemberaubend der erste Moment unseres Zusammentreffens gewesen war. Wie wunderschön der gemeinsame

Spaziergang durch den Glienicker Park und an der Havel entlang gewesen waren. Wie bezaubernd der Blick in deine Augen war. Der Kaffee, den wir uns zum Aufwärmen bestellt hatten, war längst kalt, als ich meinen Blick von deinen Augen lassen konnte. Du hattest mich vom ersten Augenblick gefesselt. Ich hatte ein neues Zuhause für mich gefunden.

Mir liefen die Tränen an deinem Bett, aber es gab keinen Grund, sich dieser Tränen zu schämen.

Viele Szenen aus unseren gemeinsamen Jahren zogen im Zeitraffer an meinem inneren Auge vorbei. Ich versuchte, die Momente, in denen du befreit gelacht hast, einen Moment länger festzuhalten und dir zu erzählen. Am Ende war mein Mund ganz trocken und die Lippen spröde. Um das Gesicht herum muss ich fürchterlich ausgesehen haben, denn der Pfleger brachte mir einen Einmallappen, damit ich die Spuren der letzten Stunden etwas beseitigen könne.

Mit der Hoffnung, dass es morgen weiter gehen würde, ließ ich dich zurück und fuhr nach Hause.

NOCH 4 TAGE (14.12.2018)

Ich war wieder zum frühestmöglichen Termin an der Eingangstür zur intensiv-medizinischen Abteilung. Der Vorraum war überfüllt mit Wartenden. Es wurde berichtet, dass es wohl mehrere Einlieferungen gegeben hätte und bereits darauf hingewiesen worden war, dass man mit einer längeren Wartezeit rechnen müsse.

Nach einer Stunde öffnete sich die Tür und ein Pfleger erschien, um sich die Namen der Patienten zu notieren, für die Besucher warteten. Als ich deinen Namen sagte, schaute er mich verwundert an: „Haben sie nicht Bescheid bekommen? Ihre Frau ist nicht mehr hier. Sie wurde heute Vormittag auf die Station für Lungenheilkunde zurückverlegt." Dann wollte er mir den Weg dorthin erklären. Ich sagte, dass ich noch wisse, wie ich dorthin gelange und machte mich sofort auf den Weg.

Unterwegs sah ich, dass es inzwischen schon so spät war, dass deine Nichte gleich eintreffen sollte. Da es von dem Parkhaus, das sie immer wählte, nur den einen Weg zur Intensivmedizin gab und dieser an der Kreuzung, an der ich gerade stand, vorbeiführte, wartete ich einfach auf sie. Und wenig später sah ich sie auf mich zukommen. Ich erzählte ihr, was heute passiert sein sollte und dass ich mal wieder keine Nachricht darüber erhalten hatte, was man mit dir vorhatte.

Gemeinsam gingen wir zu dem Haus, in dem die Station für Lungenheilkunde untergebracht war. Es gehörte zu den ältesten Gebäuden auf dem Klinikgelände. Entsprechend beengt waren die Flure und Stationszimmer in der Abteilung. Eine Schwester brachte uns in dein Zimmer. Was für ein Unterschied zu der Maximalversorgung, die dir auf der Intensivstation zu teil geworden war. Zwei Infusionsständer standen neben deinem Bett und der Sauerstoff, der dir das Atmen erleichtern sollte, kam aus einem Anschluss an der Wand. Keine Monitore waren zu sehen, die deine Körperfunktionen aufzeichneten. Allerdings gab es mehrere Kameras an der Decke, die jeden Winkel des Raumes beobachten konnten.

Wir dachten, dass ein Arzt zu uns kommen würde und uns sagen würde, wie es jetzt weiter gehen sollte. Der letzte Stand war ja, dass du die zweite Chemo bekommen solltest, wenn du nicht mehr beatmet würdest. Als wir dann eine der Schwestern erwischten, hieß es nur, dass die Ärzte bereits gegangen seien und erst nach dem Wochenende für Gespräche bereitstünden.

Geisterhafte Stille auf der Station am Freitagabend des dritten Adventwochenendes.

Wir unterhielten uns über die Zeit, als wir uns frisch kennengelernt hatten und deine Nichte es genoss, wenn sie an den Wochenenden in deiner Wohnung auf die Katzen aufpassen durfte, während du die Reise nach Berlin angetreten warst.

Beim Gehen teilte mir eine Schwester noch mit, dass wegen der räumlichen Enge auf der Station doch bitte die Besuchszeiten einzuhalten seien.

NOCH 3 TAGE (15.12.2018)

Am Samstag war ich wieder mit Büchern bewaffnet bei dir erschienen. Zunächst musste ich dir noch berichten, was unsere Katzen sich wieder ausgedacht hatten, als sie am Vortag allein daheim waren. Irgendetwas muss so interessant gewesen sein, dass sie vom großen Fensterbrett im Esszimmer alle Orchideen abgeräumt hatten.

Du schienst tief und fest zu schlafen. Keine Reaktionen waren in deinem Gesicht zu erkennen. Als ich eine Schwester darauf ansprach, hieß es nur, dass das doch wohl noch Reaktionen auf die Medikamente der letzten Wochen seien.

„Ich lieb dich! Wann habe ich dir das zuletzt gesagt? Habe ich dir gesagt, wie schön es ist, an deiner Seite zu leben? Weißt du, dass ich ewig deine Nähe genießen könnte?"

„Ich genieße deine Nähe! Ich möchte dich nicht mehr missen! Du gibst mir jeden Moment ein Zuhause und schenkst mir Geborgenheit!"

Zwei Abschnitte, an denen ich in dem Buch hängen blieb und die mir mal wieder die Tränen in die Augen trieben.

NOCH 2 TAGE (16.12.2018)

Das Bild am Sonntag war unverändert. Du lagst in deinem Bett atmetest ruhig und schienst von der Welt um dich herum nichts mitzubekommen.

Wie recht ich mit dieser Vermutung hatte, zeigte sich am Nachmittag. Ich hatte von den kleinen und größeren Katastrophen mit den Kindern erzählt und von den Arbeitseinsätzen auf dem Hof deiner Eltern. Du schienst unruhiger oder wacher zu werden. Gerade als du die Augen aufmachtest, kam eine Schwester in das Zimmer. „Ihre Frau hat Schmerzen, sonst wären die Augen nicht offen. Ich muss ihr gleich was geben. Wir haben die Erlaubnis bei Bedarf ihr stündlich Morphin zu verabreichen." Damit griff sie deinen Arm, zog ihn in die Höhe und verabreichte dir eine Injektion. Während sie an deinem Arm zog, verzogst du auffällig dein Gesicht und im nächsten Moment lief ein Zittern durch deinen gesamten Körper.

Ich fragte nach, ob das Morphin in dieser Konzentration wirklich sein müsse. Wir würden seit Tagen versuchen, noch einmal mit dir Kontakt aufnehmen zu können und wenn du dann einmal die Augen öffnetest, sähe ich darin noch kein Zeichen für Schmerzen. Das verzerrte Gesicht und das Zucken deines Körpers, dies seien Zeichen von Schmerzen für mich gewesen. Achselzuckend verließ die Schwester das Zimmer. Und bis ich die Station verlassen musste, wurden wir nicht mehr gestört. Aber du schafftest es auch nicht mehr die Augen zu öffnen.

NOCH 1 TAG (17.12.2018)

Ich konnte es kaum erwarten, am Montag wieder zu dir zu kommen. Erneut erzählte ich dir von Gott und der Welt und hielt deine Hand und streichelte deine Wange. Anscheinend waren wir uns selbst überlassen. Niemand der das Zimmer betrat, so lange ich bei dir war.

Und auf einmal, am Abend, öffnetest du deine Augen. Sie sahen mich klar und strahlend an wie in dem Moment, als wir uns zum ersten Mal in Berlin gegenüberstanden. Minutenlang ließ ich mich von diesem Blick gefangen nehmen und erwiderte ihn. Und während mir bereits wieder Tränen in die Augen schossen, hatte ich den Eindruck, dass ein Lächeln dein Gesicht durchzog. Noch ein Seufzer, dann schlossen sich diese Augen, die das Strahlen der Sterne verblassen lassen konnten.

Ich saß regungslos an deinem Bett und hielt deine Hand und hoffte inständig, dass sich dieser Moment noch einmal wiederholen würde. Dein regelmäßiges Atmen verriet mir indes, dass du tief und fest eingeschlafen warst.

Zum Abschied beugte ich mich über dich und flüsterte dir zu: „Ich liebe dich von ganzem Herzen! Wir hatten den Traum, dass du über Weihnachten nach Hause kommst. Ich habe gesehen, wie du für diesen Traum gekämpft hast. Und ich sehe, wie sehr deine Kräfte nachgelassen haben. Wenn du glaubst, dass es nicht mehr geht, dann darfst du gehen. Ich werde dir keine Vorwürfe machen und dich weiterhin in meinem Herzen behalten. Das verspreche ich dir!"

Aufgewühlt von den letzten Stunden machte ich mich auf den Weg nach Hause. Ich hatte kein Auge für den Lichterglanz der letzten Woche vor Weihnachten.

TODESTAG (18.12.2018)

An diesem Dienstag versuchte ich, abweichend von allen Besuchsregelungen, möglichst früh bei dir zu sein. Deine Nichte hatte kurzfristig entschieden, dich auch noch einmal besuchen zu kommen, nachdem sie gehört hatte, dass du kurzzeitig die Augen geöffnet hättest.

Doch je näher ich der Klinik auf den Autobahnen kam, um so dichter wurde der Verkehr und schließlich stand ich mitten auf der Autobahn wie alle, die an diesem Tag dort unterwegs waren. Ich verlor nahezu zwei Stunden, bevor ich die Klinik erreichte. Ich war sauer auf mich, dass ich nicht noch eine Stunde früher aufgebrochen war.

Ich lief die Strecke vom Parkhaus zur Station, nahm auf der großen Freitreppe immer zwei Stufen auf einmal und stand schwer atmend im Flur der Station. An deinem Zimmer brannte das Licht, das besagte, dass dieses Zimmer momentan nicht betreten werden sollte. Ich hörte eine Schwester nach dem Doktor rufen und im nächsten Moment kam der junge Stationsarzt, den wir bei deiner Einlieferung kennengelernt hatten, auf mich zu. „Lassen sie uns in einen ruhigen Raum gehen." Und dann bat er alle Patienten und anwesende Besucher oder Begleiter, das Zimmer zu verlassen. Als wir endlich allein im Zimmer saßen, teilte er mir mit, dass die Stationsschwestern dich vor etwa zehn Minuten leblos in deinem Bett gefunden hätten. Zehn Minuten zu spät!

Es war als hätte mir jemand den Boden unter den Füßen weggezogen. Als hätte irgendetwas alle Luft im Raum eingesogen, so dass keine Atemluft für mich mehr vorhanden wäre. Als hätte man einen tonnenschweren Stein auf meinen Brustkorb gelegt und beobachte jetzt, ob ich noch atmen könne.

„Wir wollten heute sowieso mit ihnen reden, dass wir zu dem Entschluss gekommen waren, ihrer Frau aufgrund des Allgemeinzustandes keine zweite Chemotherapie mehr anzutun. Kann ich sonst noch etwas tun? Haben sie noch Fragen?"

„Ich möchte zu meiner Frau," konnte ich gerade noch hervorbringen. Er führte mich in das Zimmer, wo du wie in den letzten Tagen allein in einem viel zu großen Bett lagst. Diesmal waren alle Geräte abgeschaltet, alle Infusionen entfernt. Ich griff deine Hand, streichelte dein Gesicht und gab dir einen Kuss auf den Mund. Und dann stand ich in Tränen aufgelöst an deinem Bett.

Irgendwann fiel mir ein, dass deine Nichte noch kommen wollte und so rief ich sie an, um ihr mitzuteilen, dass du tot seist. „Darf ich Tante Doris trotzdem noch einmal sehen?" Natürlich habe ich ihr gesagt, dass sie kommen könne. Während ich später im Flur auf ihr Erscheinen wartete, kam eine Schwester zu mir. „Haben sie das auch mitbekommen, wie klar ihre Frau gestern plötzlich noch einmal war? Ich habe immer mit ihr gesprochen, wenn ich in ihrem Zimmer war und gestern hat sie mich angeschaut und ich dachte, sie würde alles verstehen und sich merken." Und dann drückte sie zaghaft meine Hand.

Mit deiner Nichte zogen wir uns wieder in dein Zimmer zurück. Zunächst überlegten wir, was du womöglich in den letzten Stunden mitbekommen hättest, in den letzten Stunden hättest ertragen müssen. Aber du lagst so friedlich in deinem Bett, dass es schwerfiel an einen Todeskampf zu glauben.

Mit der Zeit sprachen wir über Momente, die wir in unseren Herzen ganz fest mit dir verbunden hatten. Vor allem dein überraschtes Gesicht, als deine Nichte uns nach dem Standesamt mit Blumen und Luftballons überraschte. Und dann, wie dieses Gesicht sich in Entsetzen wandelte, als sie uns als Hochzeitsgeschenk einen Gutschein für eine Ballonfahrt überreichte.

Mit liebevoll fröhlichen trostreichen Gedanken nahmen wir am späten Abend Abschied und verließen die Klinik zum letzten Mal. Ein letztes Mal fuhr ich im Zusammenhang mit den Klinikbesuchen bei dir durch die weihnachtlich geschmückten Orte im Siebengebirge und Westerwald. Ich hatte keine Augen für den Weihnachtsschmuck.

Von den besten all meiner Erinnerungen
hab' ich die schönsten,
meine Freundin,
wohl mit Dir geteilt.

In Liebe und Dankbarkeit nehmen wir Abschied von

Doris Datan

geb. Koalick

* 26. 9. 1959   † 18. 12. 2018

In stiller Trauer:

Andreas Stuhrmann mit Kindern
Bernd Koalick mit Familie
Horst Koalick mit Familie

Die Trauerfeier mit anschließender Urnenbeisetzung findet
am Freitag, dem 4. Januar 2019, um 14.00 Uhr
auf dem Friedhof in Büzen statt.

TAUSEND GRÜNDE

Ich hätte Dir tausend Gründe nennen können, warum es noch nicht an der Zeit ist, zu gehen:

- Weil ich dich noch einmal in den Armen halten wollte
- Weil ich noch einmal den Duft Deiner Haare einatmen wollte
- Weil ich mich noch einmal in den Blick Deiner Augen versenken wollte
- Weil ich noch einmal Deinen Herzschlag spüren wollte
- Weil ich noch einmal Deine zarten Hände halten wollte
- Weil ich noch einmal zärtlich Deine Wange streicheln wollte
- Weil ich Dir noch einmal Dein Haar aus dem Gesicht streichen wollte
- Weil ich noch einmal den Druck Deiner Lippen auf meinem Mund spüren wollte
- Weil ich dich noch einmal beim Wachwerden beobachten wollte
- Weil ich noch einmal mit Dir dem Gesang der Vögel lauschen wollte
- Weil ich noch einmal dich im Glanz der untergehenden Sonne sehen wollte
- Weil ich noch einmal mit Dir Hand in Hand durch unser Dorf spazieren wollte
- Weil ich noch einmal Dein helles Lachen hören wollte
- Weil ich dich noch einmal mit Kaffee am Bett überraschen wollte

- Weil ich dich noch einmal mit einem Strauß Deiner Lieblingsblumen überraschen wollte
- Weil ich noch einmal mit Dir im Garten frühstücken wollte
- Weil ich noch einmal in Deinen Armen den Ärger des Tages vergessen wollte
- Weil ich noch einmal glücklich und zufrieden neben Dir einschlafen wollte
- Weil ich mit Dir noch einmal lange Gespräche führen wollte
- Weil ich mit Dir noch einmal durch Wälder, Felder, Wiesen und Moore wandern wollte
- Weil ich mit Dir noch einmal gemeinsam in der Küche kochen und backen wollte
- Weil ich mit Dir noch einmal über die Weihnachtsmärkte schlendern wollte
- Weil ich mit Dir noch einmal Lichterketten montieren und den Weihnachtsbaum schmücken wollte
- Weil ich noch einmal Deiner Stimme am Telefon lauschen wollte
- Weil ich dich noch einmal auffangen wollte, wenn Du ins Straucheln gerätst
- Weil ich mit Dir gemeinsam noch einmal Pläne für die Zukunft machen wollte
- Weil ich mit Dir an meiner Seite noch einmal die Welt um uns herum vergessen wollte
- ...
- Weil ich Dir noch einmal sagen wollte, dass ich dich liebe

Aber Du hattest keine Zeit mehr, mein Engel

MEIN ENGEL

In den vielen Stunden an Deinem Bett habe ich manches Ereignis aus unserer gemeinsamen Zeit Revue passieren lassen.

Immer wieder kam mir unser erstes Treffen in den Sinn. Du kamst mir unsicher und zaghaft entgegen, als seist Du über Deinen eigenen Mut erschrocken. Ich sah Deine Zartheit und spürte die Verletzlichkeit und wollte dich nur noch in den Arm nehmen und vor allen Gefahren der Welt schützen.

Dann standen wir uns gegenüber und zum ersten Mal tauchte ich in den Blick Deiner Augen ein. Raum und Zeit lösten sich augenblicklich auf und ich spürte eine tiefe Geborgenheit und wusste, dass mir ein neues Zuhause voller Vertrauen und Herzenswärme geschenkt wurde.

Bis zuletzt hast Du mir auch im Krankenhaus diesen Blick geschenkt. Noch wichtiger aber, dass es in all den Jahren unseres Beisammenseins keinen Tag gab, an dem Du nicht versucht hast, dieses Versprechen mit Leben zu füllen.

Dafür liebe ich dich und danke Dir.

Und ein zweites passierte schon damals. Von diesen ersten Momenten an, hatte ich den Wunsch, Deine Hand in meine zu nehmen. Ich vermute, Du spürtest das, denn auf unserem Spaziergang an der Havel griffst Du nach meiner Hand, so als bräuchtest Du Hilfe beim Abstieg zwischen den Baumwurzeln.

Bis dahin hatte ich mich nicht getraut, Dir diesen meiner geheimsten Wünsche zu offenbaren. Überwältigt von so viel Vertrauen ließ ich Deine Hand nicht mehr los, aber Du wolltest sie auch nicht mehr zurückziehen.

Diese schmale, zarte Hand zu spüren, machte mich noch unsicherer und sprachloser. So gab ich Dir zunächst im Geheimen das Versprechen, Dir immer beiseite zu stehen und Dir jederzeit in allen Lebenslagen Hilfe und Stütze zu sein.

An diesen wunderbaren Moment erinnerte ich mich besonders, als ich Deine Hand vor dem Standesbeamten in Münstereifel gereicht bekam und in den vielen Stunden im Krankenhaus, in denen ich nichts mehr tun konnte, als diese zarte Hand zu halten und zu streicheln.

Und dort fielen mir auch all die Momente wieder ein, in denen ich mein Versprechen nicht halten konnte und ich dich hab allein im Regen stehen lassen.

Dafür möchte ich dich noch einmal um Verzeihung bitten.

Doris, für die Zeit bis hierher liebe ich dich und danke Dir!

Zu den Fragen, die mich, seit Du nicht mehr bei mir bist, bewegen, habe ich das folgende kurze *Gedicht von Jutta Schulte* gefunden:

Es war der traurigste Tag, den die Erde je geboren,
an dem ich dich und all meine Hoffnung verloren.

Ein Tag wird nie wieder so grausam und trist,
wie der Tag, an dem du gegangen bist.

Jede Sekunde des Atmens nur Schmerz;
Jeder Gedanke ein Stich in mein Herz;

Jede Träne Erlösung, jedes Empfinden total;
Jeder Zuspruch vergebens, jeder Schritt eine Qual.

Ich werde niemals versteh'n und ich frag immerzu:

Warum nicht ich?

Warum jetzt?

Warum Du?

(Abschiedsbrief, vorgetragen auf der Trauerfeier am 04.01.2019)

MEINE TRAUER

Du fehlst.
Du fehlst am Morgen, am Mittag und am Abend.
Du fehlst jeden einzelnen Tag in der Woche.
Du fehlst Monat für Monat.
Du fehlst seit einem halben Jahr.

Ich habe aufgehört mitzuspielen,
wenn Andere beiläufig fragen,
wie es mir geht.
Ich konfrontiere sie mit der vollen Wahrheit,
ob sie es hören wollen oder nicht.

Ich nehme mir das Recht,
von meiner Dunkelheit zu erzählen.
Ich fordere das Zuhören ein,
wie anstrengend dies auch für sie sein mag.

Ich nehme mir das Recht heraus,
für Andere nicht erreichbar zu sein.
Ich lasse das Telefon klingeln,
ohne den Hörer abzunehmen,
wenn ich die Stille um mich haben möchte.

Ich versuche Tag für Tag,
dein Grab auf dem Friedhof zu besuchen.
Ich nehme mir die Freiheit,
mit dir über alles zu reden,
wie wir es noch vor einem Jahr
Abend für Abend gemacht haben.

Ich suche die Stille
und du schenkst sie mir.
Im Zwiegespräch mit dir kann ich zur Ruhe kommen.

In meinen Gedanken formen sich
Antworten auf meine Fragen.
Antworten, wie du sie mir
noch vor einem Jahr gegeben hättest.

Es ist meine Trauer
und ich gestalte sie so,
wie es mir gut tut.
Ich lasse auch den Tränen freien Lauf.
Kein Gedanke mehr daran,
dass man(n) nicht weint.
Jede einzelne Träne bringt Befreiung.
Jede Träne hilft mit dem Unfassbaren klar zu kommen.

Ich habe mich verändert.
Dein Tod hat mich
in eine vollkommen veränderte Welt geworfen.
In der muss ich klar kommen.
Ich kämpfe darum.
Viel zu oft verliere ich noch diesen Kampf.

Aber ich werde ihn bis zum Ende kämpfen.
Ich lass mir nicht sagen,
dass es jetzt gut sei.

(Mai 2019)

Doris Datan

geb. Koalick

† 18. 12. 2018

Danksagung

Wenn ihr an mich denkt dann seid nicht traurig,
sondern habt den Mut von mir zu erzählen und auch zu lachen.
Gebt mir einen Platz zwischen euch so wie ich ihn im Leben hatte.

Ich danke allen, die gemeinsam mit mir Abschied nahmen und ihre
Anteilnahme auf liebevolle Weise gezeigt haben.

Andreas Stuhrmann

Dinebusch, im Januar 2019